播音员主持人

最易读错的 100 个字

姚喜双 邹煜 主编

商务印书馆
创于1897 The Commercial Press

图书在版编目(CIP)数据

播音员主持人最易读错的100个字/姚喜双,邹煜主编.—北京:商务印书馆,2016(2022.9重印)
ISBN 978-7-100-11767-8

Ⅰ.①播… Ⅱ.①姚…②邹… Ⅲ.①汉字—错别字—辨别 Ⅳ.①H124.1

中国版本图书馆CIP数据核字(2015)第275001号

播音员主持人最易读错的100个字

姚喜双 邹 煜 主编

商 务 印 书 馆 出 版

(北京王府井大街36号 邮政编码100710)

商 务 印 书 馆 发 行

北京捷迅佳彩印刷有限公司印刷

ISBN 978-7-100-11767-8

2016年9月第1版 开本 880×1230 1/32

2022年9月北京第3次印刷 印张 3⅞

定价:28.00元

主　编：姚喜双　邹　煜

编　写：（按音序排列）

龚琛洁　马彰羚　孟　伟

涂　欢　姚喜双　邹　煜

本项工作得到国家社科基金（No. 12BXW024）
和中国博士后科学基金（No. 2013M540912）的支持

前　言

《国家通用语言文字法》规定："国家通用语言文字是普通话和规范汉字"。"国家推广普通话，推行规范汉字"。"地方各级人民政府及其有关部门应当采取措施，推广普通话和推行规范汉字"。其中，各级各类媒体对于国家通用语言文字的规范使用具有重要影响力。

根据《国家通用语言文字法》以及国家新闻出版广电总局等的相关规定，广播电视节目要规范使用国家通用语言文字，要在推广普及普通话、推行规范汉字方面起到带头示范作用。因为媒体在向大众传播信息的同时，一方面形成、巩固和丰富着国家通用语言文字的规范和标准，另一方面也向社会传播着国家通用语言文字的规范和标准。多年来，媒体在推广普及普通话、推行规范汉字方面发挥了重要的榜样作用。比如，提到普通话的标准读音，人们自然而然就会想到并去参照播音员主持人的读音。播音员主持人的语音成为了普通话的语音样板。

然而，我们在近年来的调查中也发现，在播音员主持人的大量播音主持实践中，在电视新闻字幕中，时常也会有不少语言文字的差错出现。经过研究,这些差错都有一定的规律可循，看似数量偏多但差错类型有限，有些差错甚至会反复出现。掌握了这些规律、了解了这些最容易出错的词语，在避免差错方面可以得到事半功倍的效果。因此，在调查的基础上我们编写了这三本小册子，分别是《播音员主持人最易读错的100个字》《播音员主持人最易读错的100个词语》和《电视新闻字幕中最易写错的100个词语》，希望对大家有所帮助。

目　录

凡　例

1. 本书共收录 100 个最易读错的字，单音字 65 个，多音字 35 个。

2. 字目按音序排列，方便检索和查阅；拼音标注依据《汉语拼音正词法基本规则》。

3. 每个字目的编排分为两部分：上半部分为主，包括常见错误读音、出错率、使用频次和正确读音；下半部分给出该字的简要释义、辨析和例句。

4. 出错率是依据问卷调查的结果得来的；使用频次主要是基于中国传媒大学国家语言资源监测与研究有声媒体中心 2006—2014 年约 9.8 亿字次规模的有声媒体语料（广播电视节目转写文本）而得到。出错率和使用频次的计算主要参考其代表性词语。

5. 读音、释义和辨析以《普通话异读词审音表》为基础，同时主要参考《现代汉语词典》《现代汉语规范词典》等。由于本书不是一般的字典、词典，因此释义时没有罗列该字的所有义项，辨析时也是有针对性地对容易出错的地方进行重点阐释。

6. 字目均配有例句。例句全部选自 2010—2014 年的有声媒体语料。例句括注出处。

7. 在单音字中，构词相对单一的，只列举一个例句，如“匕、绌、琮、癸、浃、灸、溘、赂、嫔、锲、渲、莠”等，其余的一般列举两个例句。多音字一般情况下列举两个例句，个别有多个易读错代表性词语的，会列举两个以上的例句，例如“当”，针对“当天”和“正当”各自的两个读音共列举了四个例句。

字目音序索引

铵 ǎn（√）

ān（×）	出错率	96.8%
àn（×）	频次	641

释 从氨衍生所得的带正电荷的根，即铵离子，也叫铵根，英文为 ammonium。

辨 受声旁“安”的影响，读作阴平的概率较高，常见错误读音为ān 和àn。

例 ① 公安部治安管理局副局长介绍说：“开展雷管编号管理的专项检查，农用硝酸铵（ǎn）改制处理的专项检查，爆炸物品储存使用的安全检查。”（2007 年 6 月 3 日中央人民广播电台《新闻和报纸摘要》）

② PM2.5 成分复杂，其中主要是硫酸盐、硝酸盐、铵（ǎn）盐、有机碳化合物等。因此，它也是达标难度最大的污染物。（2013 年 6 月 10 日中央人民广播电台《新闻晚高峰》）

胺 àn（√）

ān（×） 出错率 85.1%
ǎn（×） 频次 6 944

释 氨分子中部分或全部氢原子被烃基取代而成的有机化合物。英文为 amine。

辨 受声旁“安”的影响，读作阴平的概率较高，常见错误读音为ān 和ǎn。

例 ① 前一段时间查处的山东“绿赛尔”纯牛奶、辽宁“五洲大冰棍”雪糕、河北“香蕉果园棒冰”等多起乳品三聚氰胺(àn)超标案件，性质恶劣。（2010 年 2 月 3 日上海广播电视台《东广早新闻》）

② 审判数据显示，目前在全国范围内，海洛因仍是最主要的涉案毒品，但甲基苯丙胺（àn）、“麻古”、氯胺（àn）酮等合成毒品所占比例不断增长。（2013 年 6 月 27 日中央人民广播电台《全国新闻联播》）

稗 bài (√)

bì (×) 出错率 65.3%
频次 46

释 ❶ 名词。稗子，一年生草本植物，叶子像稻，籽实像黍米。❷ <书>用于比喻，形容微小、琐碎。稗官野史，泛称记载逸闻琐事的文字。

辨 常见错误读音为bì。

例 ① 雍正本身在历史上是比较有争议的，稗（bài）官野史总是对他有一些负面的介绍，我们这次希望能够呈现雍正的全方位形象，希望借着这些文物给他直接的评价。（2009年10月8日中央人民广播电台《新闻纵横》）

② 农谚说：好种长好苗，坏种长稗（bài）草。种子的好坏关系一年的收成。（2014年11月19日中央电视台《焦点访谈》）

绊 bàn（√）

pàn（×） 出错率 30.0%
频次 2 821

释 挡住或缠住，使跌倒或使行走不方便。

辨 与“畔”字相似，常见错误读音为 pàn。典型易读错词语为“绊手绊脚”。

例 ① 21 世纪教育学院副院长尖锐地指出，尽管牵绊（bàn）创新人才出现的因素很多，但核心是受大学体制之困的制约。（2010 年 10 月 31 日中央人民广播电台《新闻纵横》）

② 需要拿 3 分的时候，迟迟拿不到，需要拿 1 分的时候拿得也磕磕绊绊（bànbàn），这说明什么？说明山东队还是心理素质不过关。（2011 年 10 月 28 日中央人民广播电台《新闻纵横》）

奔 奔逃 bēn（√）

奔逃 bèn（×） 出错率 49.5%

频次 153

释 读作bēn时，其常用义项有：❶ 奔走；急跑。❷ 紧赶；赶忙或赶急事。❸ 逃跑。

读作bèn时，其常用义项有：❶ 直向目的地走去。❷ 朝；向。❸ 年纪接近（四十岁、五十岁等）。

辨 “奔”是一个多音字，有bēn和bèn两个读音，读bēn的典型易错词语是“奔逃”，读bèn的典型易错词语是“奔小康”。

例 ① 他们响应祖国的召唤汇聚到一起，奔（bēn）赴抗美援朝、保家卫国的战场，用血肉之躯共同谱写了一首雄壮的战歌。（2010年10月28日中央电视台《军事纪实》）

② 老乡们说返乡知青有文化见识广，不如留下来当村官儿，领着大家奔（bèn）小康。（2013年4月8日中央人民广播电台《新闻和报纸摘要》）

匕 bǐ（√）

bì（×） 出错率 55.3%
频次 1 118

释 ❶ 古人取食的器具，后代的羹匙由它演变而来。❷〈书〉指匕首，短剑或狭长的短刀。

辨 以“匕”做部首的常用字中，除了“比”读 bǐ 的音外，一般都读作 bì，如“毕、庇、毙”等。所以，其常见错误读音是 bì，典型易读错词语是“匕首”。

例 绕了一个大圈子，美国的野心终于图穷匕（bǐ）首见，但网络战和所有的战争一样，也是一把双刃剑。（2013 年 3 月 15 日中央人民广播电台《央广夜新闻》）

庇 bì（√）

pì（×）　　出错率　46.0%

频次　1 824

释　遮蔽；掩护。

辨　首先，在以“比”字做声旁的形声字中，其声母大体有两种情况：一是声母为 b，属古代的“帮”母；二是声母为 p，属古代的“滂”母，因此容易混淆。其次，“庇”字与“屁”字的形状相近，故其常见错误读音为 pì，典型易读错词语是“庇护”。

例　① 为了帮助市民安全度过这几天的高温天气，广州全市 488 个**庇**（bì）护站首次开放。（2010 年 7 月 5 日中央电视台《中国新闻》）

② 今天两家单位也都在网上发布信息强调，将对当事人依法依规进行处理，决不包**庇**（bì）姑息。（2014 年 2 月 26 日中央广播电视台《新闻晚高峰》）

殡 bìn（√）

bīn（×） 出错率 38.3%

频次 305

释 停放灵柩；把灵柩送到埋葬或火化的地方去。

辨 受声旁“宾”的影响，读作阴平的概率较高，常见错误读音为bīn，典型易读错词语是“出殡”。

例 ① 按照民政部门通用的定义，基本殡（bìn）葬服务指的是遗体的运送、保存、火化和骨灰的寄存。（2010年4月3日中央电视台《新闻周刊》）

② 去世之后，按照藏族的传统毕世祥的骨灰被安放在老家丹巴县的雪山上，出殡（bìn）那一天，丹巴县还有很多从外州县远道赶来的上万名农牧民群众为他送行。（2014年4月2日中央电视台《焦点访谈》）

埠 bù（√）

fù（×）　　出错率　39.9%

　　　　　频次　778

释 ❶码头，多指有码头的城镇。❷商埠。

辨 受声旁“阜”的影响，常见错误读音为 fù，典型易读错词语是“外埠”。

例 ① 今年大部分招生学校的生源分布比较均匀，在京部属重点院校生源情况稳定，外**埠**（bù）知名高校的生源情况仍然较好。（2010年11月30日北京电视台《北京新闻》）

② 断流使京杭大运河逐渐失去了南北经济大动脉的作用，而进入20世纪后，铁路等现代交通方式的发展，更使京杭大运河的地位一落千丈，沿岸曾因河而兴的商**埠**（bù）、码头也大多随之迅速衰落。（2013年12月7日中央人民广播电台《新闻纵横》）

惩 chéng（√）

chěng（×） 出错率 41.3%

频次 8 340

释 ❶处罚。❷警戒。

辨 日常使用习惯，导致大多数人“阳平”和“上声”没有很好地区分。其典型易读错词语是“惩罚”。

例 ①必须坚持标本兼治、综合治理、惩（chéng）防并举、注重预防的方针，以完善惩治和预防腐败体系为重点加强反腐倡廉建设。（2010年12月29日中央电视台《中国新闻》）

②作为苏维埃政府主席的毛泽东，非常重视根据地惩（chéng）治腐败的工作，在他的推动下，临时中央政府成立了中央工农检察部，第一个反腐败举报箱在瑞金设立。（2013年1月4日凤凰卫视《凤凰大视野》）

侈 chǐ (√)

chì (×) 出错率 41.1%
频次 9 521

释 〈书〉❶ 浪费。❷ 夸大。

辨 “奢侈”经常读成 shēchì。

例 ① 这一段家训征集自海外，系曾国藩四弟曾国荃的后人收藏，内容是“位不期骄，禄不期侈(chǐ)，凡贵家之子弟，其矜骄流于不自觉，凡富家之子弟，其奢侈流于不自觉，势为之也……”。(2013 年 5 月 9 日北京电视台《晚间新闻报道》)

② 住在寸土寸金、高楼林立的城市里，莳花弄草已经是件奢侈(chǐ)的事。(2014 年 9 月 5 日中央人民广播电台《全球华语广播网》)

炽 chì (√)

zhì (×) 出错率 47.8%
频次 361

释 ❶〈书〉（火）旺。❷ 热烈旺盛。

辨 受声旁“只”的影响，常见错误读音为zhì，典型易读错词语是“炽热”。

例 ① 今后几年，我国还将制定符合中国国情的、逐步淘汰白炽灯的路线图和相关政策，加大对白炽（chì）灯生产企业转产节能灯的支持力度。（2010年6月27日中央人民广播电台《新闻和报纸摘要》）

② 只见树花艺人把铁水从熔炉中缓缓倒出，盛入特质的木勺中，奋力一甩，洒向墙壁，炽（chì）热的铁水炸裂开来，形成千姿百态的“树花”，现场一片欢腾。（2012年1月23日中央电视台《新闻联播》）

绌 chù（√）

zhuó（×） 出错率 35.5%
频次 85

释 〈书〉❶ 不够；不足。❷ 同“黜”。

辨 与“拙”和“茁”相似，常见错误读音为zhuó，典型易读错词语是“相形见绌”。

例 一口重27吨、欧洲最大的钟将被悬挂于主场馆的一端，并在开幕式开始时敲响。这口钟的体型，令伦敦著名的大本钟都相形见**绌**（chù），主办方希望比赛结束后能将它安置于奥林匹克公园内。（2012年1月28日中央人民广播电台《新闻和报纸摘要》）

创　重创 chuāng（√）

重创 chuàng（×）　出错率　71.3%

频次　4 161

释　读作 chuāng 时，其常用义项有：❶ 创伤。❷ 使受损伤。

读作 chuàng 时，其常用义项有：动词。开始（做）；（初次）做。

辨　“创”是个多音字，有 chuāng 和 chuàng 两个读音。读 chuāng 的典型易错词语是“重创、创伤”。错误类型主要为：该读 chuāng 时错读为 chuàng，该读 chuàng 时错读为 chuāng。

例　① 外向依存度极高、受到金融危机重创（chuāng）的广东去年 GDP 增幅为 9.5%，总量超过 39 000 亿元，继续领跑全国。（2010 年 2 月 27 日中央人民广播电台《新闻和报纸摘要》）

② 对于中国东方演艺集团来说，2011 版歌剧《白毛女》是集团深化改革、锐意创（chuàng）新的重要成果，也是集团转企改制后的又一力作。（2011 年 6 月 29 日中央人民广播电台《央广新闻》）

琮 cóng (√)

zōng (×)　　出错率　86.5%

　　　　　　频次　68

释 古代一种玉器，方柱形，中有圆孔。

辨 受声旁“宗”的影响，常见错误读音为zōng，典型易读错词语是“玉琮”。

例 这件玉鸟是台北故宫中历史最久远的一件玉器，它是五千五百年前红山文化的作品，玉鸟背面有可以穿系的孔洞，人们推测它可能是古人尊奉的一种神鸟，这件良渚文化玉琮(cóng)被古人认为有着能够通天的神秘。(2009年3月27日中央电视台《探索发现》)

挫 cuò（√）

cuō（×） 出错率 61.9%
频次 3 345

释 ❶ 挫折。❷ 动词。压下去；降低。

辨 因为方言影响，读作阴平的概率较高，即常见的错误读音为cuō，典型易读错词语是“挫折”。

例 ① 用自己的经历去激励那些心情沮丧、事业受挫（cuò）的搭车人，这也是王勇给自己提出的一个额外要求。（2010年7月28日北京人民广播电台《资讯早八点》）

② 其实，这种挫（cuò）折教育在国外已经成为学校和家庭教育的重要一环。以英国为例，学校会故意给学生出难题，家长会让学生自己面对失败，以此告诉孩子人生不是一帆风顺。（2013年6月28日中央人民广播电台《全球华语广播网》）

当 正当（理由）dàng（√）

正当（理由）	出错率	66.0%
dāng（×）	频次	14 517

释 读作 dāng时，其常用义项有：❶ 相称。❷ 担任；充当。❸ 承当；承受。❹ 掌管；主持。❺ 应当。❻ 面对着；向着。❼ 正在（那时候、那地方）。

读作 dàng时，其常用义项有：❶ 合适；合宜。❷ 抵得上。❸ 作为；当作。❹ 以为；认为。❺ 指事情发生的（时间）。

辨 “当”是个多音字，有 dāng和 dàng两个读音，读 dāng的典型易错词语是“当作、当地”，读 dàng的典型易错词语是“正当、适当”等，尤其是“正当”一词。错误类型主要为：该读 dāng时错读为 dàng，该读 dàng时错读为 dāng。

另外，在作为时间词时，如“当年、当日、当时”，两种读音都存在，读 dāng表示“过去”某个时间，读 dàng则表示“同一”时间，例如，“当（dāng）日”指过去发生某件事情的那一天，“当（dàng）日”指“本天、同一天”。

例 ① 经过800多名市民和驻京部队官兵的紧张劳动，当（dāng）天一万多株油松、银杏、国槐等苗木，迎着三月春风矗立在250多亩土地上。（2013年3月30日北京电视台《北京新闻》）

② 每年的8月4号，海伦生日的当（dàng）天，这位“新闻界的第一夫人”只要在记者会现场，总会接到一个生日蛋糕。（2013年7月21日中央人民广播电台《新闻晚高峰》）

③ 虽然《反垄断法》并不禁止经营者自然形成或通过正当（dàng）竞争形成的市场支配地位，但《反垄断法》严格禁止经营者滥用其市场支配地位，排除限制竞争。（2013年8月23日中央人民广播电台《全国新闻联播》）

④ 事发之后，正当（dāng）参加演出的“爸爸”们打算出面应对的时候，没想到孩子们的粉丝队伍自发地站出来为孩子们说话。（2013年11月14日中央人民广播电台《全球华语广播网》）

档 dàng（√）

dǎng（×） 出错率 34.7%
频次 6 729

释 ❶带格子的架子或橱，多用来存放案卷。❷档案。❸（器物上）起支撑固定作用的木条或细棍儿。❹（商品、产品的）等级。❺货摊；摊子。❻档期。

辨 与“挡”字相似，常见错误读音为dǎng，典型易读错词语为“档次、档案”。

例 ①自昨天起，金融机构一年期存贷款基准利率将上调0.25个百分点，其他各**档**（dàng）次存贷款基准利率也相应做出调整。（2010年12月27日中央人民广播电台《天下财经》）

②检察机关行贿犯罪档案查询系统从昨天开始实行全国联网，各级人民检察院可以在本地对全国行贿犯罪**档**（dàng）案查询系统进行查询，彻底解决了异地查询问题。（2012年2月17日中央电视台《新闻联播》）

遏 è（√）

é（×） 出错率 37.7%
频次 14 576

释 阻止；禁止。

辨 受方言影响，常见错误读音为é，典型易读错词语为“遏制”。

例 ① 银监会相关负责人同时表示，现在投机类住房需求还没有得到完全遏（è）制，政策将继续实施，绝不松动，一有苗头就要坚决遏制。（2010年7月14日中央人民广播电台《天下财经》）

② 如果别人的比较总让我们怒不可遏（è）或者无比沮丧，也许说明我们对自己的生活既不满意也不认可。与其懊悔沮丧，不如在新的一年化“悲痛”为动力，好好为自己的幸福努把力。（2013年3月3日北京电视台《北京您早》）

坊　坊间 fāng（√）

坊间 fǎng（×）　出错率　77.7%

频次　871

释　读作 fāng 时，其常用义项主要有：❶ 里巷（多用于街巷名）。❷ 店铺。❸ 牌坊。

读作 fáng 时，其常用义项主要有：小手工业者的工作场所，如“油坊、染坊”，但是在“作坊”一词中读作 zuō · fang。

辨　“坊”是个多音字，有 fāng 和 fáng 两个读音，读 fāng 的典型易错词语是“坊间”。

例　① 一个月前，国务院连续打出了一系列政策组合拳遏制上涨过快的房价。坊（fāng）间称之为新一轮的房产新政。（2010 年 5 月 21 日上海广播电视台《深度 105》）

② 在全国各地掀起的如火如荼的造城运动的喧嚣下，像西安市长安区沣峪口老油坊（fáng）这样的文化遗产亟待保护和传承。（2013 年 2 月 25 日中央人民广播电台《央广夜新闻》）

绯 fēi（√）

fěi（×） 出错率 60.2%
频次 1 720

释 红色。

辨 与“诽”字相似，常见错误读音为 fěi，典型易读错词语是“绯闻”。

例 ① 意大利国内此次要求贝卢斯科尼下台的呼声如此之高，原因绝不仅仅是因为贝氏那点绯（fēi）闻。（2010 年 12 月 15 日中央电视台《中国新闻》）

② 记者透过笼子的缝隙可以看到，这只野鸡眼睛周边的皮肤呈绯（fēi）红色，头顶的羽毛为棕褐色，颈部有闪着金属光泽的绿色羽毛。（2013 年 7 月 7 日山东电视台《民生直通车》）

氛 fēn (√)

fèn (×) 出错率 44.7%

频次 21 333

释 气，气象。

辨 受方言影响，常见错误读音为fèn，典型易错词语是“气氛、氛围”。

例 ① 一下子感觉到全新的氛（fēn）围，上海的繁忙程度、经济的活力，不由自主让你的脚步快起来，也会觉得压力会更大。（2010年4月19日上海广播电视台《东广早新闻》）

② 演出的节目，有的体现来自五大洲的风俗特色，有的体现上海世博会秉承的绿色、低碳、新科技的理念，让孩子们在欢乐的气氛（fēn）里，度过快乐而难忘的节日。（2010年5月30日中央电视台《中国新闻》）

供　供认gòng（√）

供认gōng（×）　出错率　43.0%

频次　2 609

释　读作gōng时，其常用义项有：❶ 供给；供应。❷ 指按期拿出钱款还贷。❸ 指按期还贷所提供的钱款。❹ 提供某种利用的条件（给对方利用）。

读作gòng时，其常用义项有：❶ 把香烛等放在神佛或先辈的像（或牌位）前面表示敬奉；祭祀时摆设祭品。❷ 陈列的表示虔诚的东西；供品。❸ 受审者陈述案情。❹ 口供；供词。

辨　“供”是个多音字，有gōng和 gòng两个读音。读gōng的典型易错词语是“供给”，读gòng的典型易错词语是“供认”。

例　① 据介绍，增加的200家非碘盐供（gōng）应网点都是快客和好德连锁便利店，从明天开始集中供货，有需要的市民春节前就可以购买到这批非碘盐。（2010年2月12日上海广播电视台《新闻坊》）

②侵华期间，日本陆军中将铃木启久曾指挥日军在华北地区实施三光政策、制造“无人区”，并用毒气制造了多起惨案，这些犯罪事实都在他的笔供当中一一供(gòng)认。(2014年7月3日中央人民广播电台《新闻晚高峰》)

癸 guǐ（√）

kuí（×） 出错率 77.8%
频次 144

释 天干的第十位。

辨 与“葵”相似，常见错误读音为kuí。

例 中国人民银行今年10月发行了2013中国癸（guǐ）巳（蛇）年金银纪念币一套，纪念币共15枚（其中金币8枚，银币7枚）。（2012年12月2日中央人民广播电台《央广新闻》）

哄　一哄而上 hòng（√）

一哄而上	出错率	91.5%
hōng（×）	频次	363

释　读作 hōng时，其常用义项有：❶ 拟声词。形容许多人大笑声或喧哗声。❷ 许多人同时发出声音。

读作 hǒng时，其常用义项有：❶ 哄骗。❷ 哄逗，特指看小孩儿或带小孩儿。

读作 hòng时，其常用义项有：动词。吵闹；开玩笑。

辨　"哄"是个多音字，有hōng、hǒng和 hòng三个读音。读hōng的典型易错词语是"哄抢"；读 hòng的典型易错词语是"一哄而上"。错误类型主要为：该读 hōng时错读为 hòng，该读 hòng时错读为 hōng。

例　①"十一"黄金周过半，全国各旅游景区采取措施，严查哄（hōng）抬门票价格、变相涨价等价格欺诈行为，强化各项服务，确保游客玩得开心、玩得舒心。（2010 年 10 月

5日中央人民广播电台《新闻和报纸摘要》）

② 但是，你不改革的话，你不会犯任何错误，你改革肯定要犯错误，肯定有危险，肯定会一**哄**(hòng)而上，中国很多事儿就是这样，但是我想我们30多年了，我们如果说连这点魄力，连这点承担风险的魄力都没有的话，那你能推行什么样的改革？（2012年12月7日凤凰卫视《总编辑时间》）

③ 当然，网络监督是必要的，但不能不加辨别、跟风炒作。这种现象可以联想到一个字“哄”，它有三个读音。一读“hōng”，比如可以说：网络哄传假新闻；二读“hǒng”，则可以说：这是有人**哄**(hǒng)骗您；三读“hòng”，那就可以说：千万不要瞎起哄。一个口，一个共，众口铄金要当心。（2013年4月10日中央电视台《焦点访谈》）

诲 huì（√）

huǐ（×）　　出错率　42.7%

　　　　　　频次　349

释 教导；诱导。

辨 与“悔”字相似，常见错误读音为 huǐ，典型易读错词语是“教诲”。

例 ① 方永刚的学生郑晓东说，导师的教诲（huì）坚定了他做一名党的理论工作者的决心。（2008 年 4 月 5 日中央人民广播电台《新闻和报纸摘要》）

② 要想孩子们有好的成绩，老师要把爱心献给孩子，只有诲（huì）人不倦的老师才有学而不厌的学生，这样就能使学生们把学习当作享受，成绩也根本不用操心，成绩是副产品，考大学也是副产品。（2012 年 9 月 10 日中央人民广播电台《新闻纵横》）

脊 jǐ(√)

jí(×) 出错率 37.2%
频次 1 000

释 ❶ 人和动物背上中间的骨头；脊柱。❷ 物体上形状像脊柱的部分。

辨 受方言影响，常见错误读音为jí，典型易读错词语是“脊梁（jǐ· liang）”。

例 ① 巍巍太行山纵贯河北，太行老区人民曾浴血千里，挺起了中国革命红色脊（jǐ）梁。（2011年5月17日中央人民广播电台《央广新闻》）

② “世界屋脊（jǐ）上永不关门的移动夫妻店”其美多吉和边巴卓玛，他们常年坚守海拔4 000多米的西藏塔尔钦，维护基站信号畅通，让乡亲和游客都感受到，“信号在那儿，和整个世界的联系也在那儿！”（2014年1月13日中央人民广播电台《央广新闻》）

绩　jì（√）

jī（×）　　出错率　40%
　　　　　频次　69 188

释　❶ 动词。把麻纤维披开接续起来搓成线。❷ 功业；成果。

辨　根据 1985 年 12 月发布的《普通话异读词审音表》：绩 jì（统读）。此后的字典做了相应修订。此前有些字典注音为 jī，因此易被读错。典型易读错词语是“成绩”。

例　① 中国代表团的首枚金牌诞生在游泳池中，蔡余庆燕夺得女子 400 米自由泳 S9 级冠军，4 分 56 秒 91 的成绩（jì）也打破了原亚洲纪录。（2010 年 12 月 13 日中央电视台《中国新闻》）

② 此时此刻，我们倍加思念曾经与中国共产党风雨同舟、患难与共、真诚合作的亲密战友和朋友，深切缅怀他们为国家富强、民族振兴、人民幸福建立的不朽功绩（jì）。（2014 年 1 月 21 日中央人民广播电台《新闻晚高峰》）

夹 夹层 jiā（√）

夹层 jiá（×） 出错率 66%

频次 655

释 读作gā时，其常用义项有：夹肢窝，同“胳肢窝”。

读作 jiā时，其常用义项有：❶ 从两个相对的方面加压力，使物体固定不动。❷ 胳膊向胁部用力，使腋下放着的东西不掉下。❸ 处在两者之间。❹ 掺杂；夹杂。❺ 夹子。

读作 jiá时，其常用义项有：双层的（衣被等）。

辨 “夹”是个多音字，有gā、jiā和jiá三个读音。其中，读jiā的典型易错词语是“夹带、夹层”。

例 ① 不只外墙有类似皮肤的透明夹（jiā）层，上头还有伸出去的触角，及凹进去的鼻孔。（2010 年 4 月 28 日凤凰卫视《解码陈文茜》）

② 飓风夹（jiā）带暴雨，又适值天文大潮，多处海水倒灌，造成多地被淹。（2013 年 10 月 7 日中央电视台《焦点访谈》）

浃 jiā（√）

jiá（×）　　出错率　49.9%

　　　　　　频次　466

释　〈书〉透；遍及。

辨　受声旁“夹”的影响，错读为 jiá的概率较高，典型易读错词语是“汗流浃背”。

例　8月的南京，酷热难当，中午时分更是热浪滚滚，在室外待一会就会汗流浃（jiā）背。（2013年8月24日中央人民广播电台《新闻晚高峰》）

间　间断 jiàn（√）

间断 jiān（×）　出错率　56.4%
　　　　　　　　频次　6 080

释　读作 jiān 时，其常用义项有：❶ 中间。❷ 一定的空间或时间里。❸ 一间屋子；房间。❹ 房间的最小单位。

读作 jiàn 时，其常用义项有：❶ 空隙。❷ 嫌隙；隔阂。❸ 隔开；不连接。❹ 挑拨使人不和；离间。

辨　“间”是个多音字，有 jiān 和 jiàn 两种读音，读作 jiàn 时的典型易错词语是“间断、间隙”。

例　① 农民可能从农业脱离出来，但进不了非农就业的领域，卡在中间（jiān）可能会出现三无农民——无业、无地、无保障。这是最可怕的。（2011 年 11 月 21 日中央人民广播电台《天下财经》）

② 为了确保游客安全，泰山景区曾一度开启了 9 条分流盘道，170 辆大巴车不间（jiàn）断地运送游客，还增派了 600 多名消防官兵在景区维持秩序。（2013 年 5 月 2 日中央电视台《焦点访谈》）

较 jiào (√)

jiǎo (×) 出错率 30.8%
频次 414 016

释 ❶ 比较(高低大小等)。❷ 用于比较性状、程度。❸ 表示具有一定程度。❹ 计较。❺ 明显。

辨 与“较”字声旁相似的字大部分读音为 jiǎo，如佼、狡、饺、绞、铰、皎等，因此常见错误读音为 jiǎo，典型易读错词语是“比较”。

例 ① 虽然外需比较（jiào）疲软，但是我们估计还不会发生像 2008 年那样自由落体式的下滑，美国经济还在缓慢复苏，新兴市场总体还比较健康。（2011 年 12 月 2 日中央人民广播电台《天下财经》）

② 印第安的文化深深扎根于南美，不管你是白种人，还是黄皮肤，这种文化都会感染你，这种文化的核心就是其实生命是一个过程，所以南美人也很少去计较（jiào）细节，也不会上纲上线，只是把这一切都作为生命的细节来看待。（2014 年 5 月 4 日中央人民广播电台《全球华语广播网》）

解　解甲归田 jiě（√）

解甲归田 xiè（×）　出错率　90.4%

频次　32

释　读作 jiě时，其常用义项有：❶ 分开。❷ 把束缚着或系着的东西打开。❸ 解除。 ❹ 解释。❺ 了解；明白。❻ 解手。

读作 jiè时，其常用义项有：动词。解送。

读作 xiè时，其常用义项有：❶ 懂得；明白。❷ 旧时指杂技表演的各种技艺，特指骑在马上表演的技艺。

辨　"解"是个多音字，有 jiě、jiè和 xiè三个读音。读 jiě的典型易错词语是"解甲归田"；读 jiè的典型易错词语是"解元、解差、苏三起解"；读 xiè的典型易错词语是"解数"。错误类型主要为：把 jiě错读为 xiè，把 jiè和 xiè错读为 jiě。

例　① 佟麟阁，原名凌阁，字捷三，河北省高阳人，20 岁投笔从戎，入伍于冯玉祥麾下，转战南北深为冯器重，中间曾一度解（jiě）甲归田，待"九一八"事变后，重披战甲等待报国机会。（2011 年 12 月 26 日凤凰卫视《我

的中国心》）

② 兔年春节刚过，为了招到合意的工人，各地纷纷举办招聘会，企业更是使出浑身**解**（xiè）数，吸引打工者。（2011 年 2 月 15 日中央电视台《中国新闻》）

③ 昨晚的名家名段演唱会，由京剧艺术名家、张君秋先生子女、张派新秀联袂演出。《贵妃醉酒》《横槊赋诗》《女起**解**（jiè）》《赵氏孤儿》等选段赢得了现场观众的阵阵掌声。（2010 年 9 月 21 日中央电视台《新闻联播》）

④ 当初这个小胡同里出过一个**解**（jiè）元，所以这个小胡同就叫解元里。（2014 年 4 月 29 日中央人民广播电台《全景中国》）

尽　尽快 jǐn（√）

尽快 jìn（×）　　出错率　63.7%

　　　　　　　　频次　51 308

释　读作 jǐn 时，其常用义项有：❶ 力求达到最大程度。❷ 表示以某个范围为极限，不得超过。❸ 让某些人跟事物尽量优先。❹ 用在表示方位的词前面，跟“最”相同。

读作 jìn 时，其常用义项有：❶ 完。❷〈书〉死亡。❸ 达到极端。❹ 全部用出。❺ 用力完成。❻ 全，都。❼ 所有的。

辨　“尽”读作 jǐn 的典型易错词语是“尽管、尽快”。注意“尽量”一词有两个读音：读作 jǐnliàng 时，是副词，表示力求在一定范围内达到最大限度；读作 jìnliàng 时，是动词，表示达到最大限度，如“喝了半斤白酒，还没尽量”。

例　巡视组建议，广大干部群众在通过电话反映问题时尽（jǐn）量简明扼要，有些具体情况和重要问题最好通过书面形式向巡视组反映。

（2014 年 11 月 30 日中央电视台《新闻联播》）

腈 jīng (√)

qíng (×) 出错率 61.7%
频次 58

释 有机化合物的一类，是烃基和氰基的碳原子连接而成的化合物。

辨 受声旁“青”的影响，常见错误读音为qíng，典型易错词语是“腈纶”。

例 ① 被子是用来保暖的，不是治病的。喜欢盖重的，就买羊毛、羊绒、驼绒、棉花的，想盖轻的，就买蚕丝被和腈（jīng）纶被，千万不要轻信什么这样功能那样疗效的被子。（2010年2月23日中央电视台《消费主张》）

② 湖北的这家企业宣称刺鼻味的物质为氯乙腈（jīng），危害性比较小。但当再次询问时他才承认是剧毒的氟乙酸甲酯。（2013年12月21日中央人民广播电台《央广新闻》）

颈 jǐng（√）

jìng（×） 出错率 34.0%
频次 2 293

释 读作jǐng时，其常用义项有：❶ 名词。颈项。❷ 物体上的形状像颈或部位相当于颈的部分。

读作gěng时，其常用义项有：脖颈儿。

辨 与“劲”相似，常见错误读音为jìng，典型易错词语是“颈椎”。

例 ① 还有一名伤者涉及脑挫伤后，脑出血的问题，再加上颈（jǐng）椎以及腰椎都存在骨折、脱位的情况，因此症状不太稳定。（2011年10月30日中央人民广播电台《央广新闻》）

② 示威人群高喊包括“我无法呼吸”在内的口号，因为黑人小贩加纳被警察拘捕过程中，警员扼住加纳脖颈（gěng）时，可以明显听到加纳呼喊“我无法呼吸了”。（2014年12月6日中央人民广播电台《新闻纵横》）

劲　劲旅 jìng (√)

劲旅 jìn (×)　　出错率　90.4%

　　　　　　　频次　953

释　读作 jìn 时，其常用义项有：❶（～儿）力气。❷（～儿）作用；效力。❸（～儿）精神；情绪。❹（～儿）神情，态度。❺趣味。

读作 jìng时，其常用义项有：坚强有力。

辨　“劲”是个多音字，有 jìn 和 jìng两个读音。读作 jìn时的典型易错词语是“干劲十足”，读作 jìng时的典型易错词语是“劲旅、强劲”。

例　① 凭着一股子不服输的劲（jìn）头，开始并不被战友们看好的杜彦秋，却以集团军总分第一名顺利入选。（2010 年 7 月 12 日中央人民广播电台《新闻和报纸摘要》）

② 亚冠联赛第二轮的较量当中，4 支中超劲（jìng）旅对日韩球队一直保持不败，用 1 胜 3 平的成绩为球迷们提了一口气。（2013 年 3 月 15 日北京电视台《天天体育》）

灸 jiǔ (√)

jiū (×) 出错率 62.8%
频次 2 338

释 动词。中医的一种治疗方法，用燃烧的艾绒等熏烤一定的穴位或患部。

辨 常见错误读音为jiū，易错词语是“针灸”。

例 中国代表团的官员表示，中医针灸（jiǔ）和京剧都具有很深的文化内涵和医学、艺术含量，是中华文化的瑰宝，这两个项目获得通过是对中华文化和中国非物质文化遗产保护工作的认可。（2010年11月18日北京电视台《新闻晚高峰》）

咎 jiù（√）

jiū（×） 出错率 80.9%

频次 140

释 ❶ 过失；罪过。❷ 责备。❸〈书〉凶。

辨 常见错误读音为 jiū，易错词语是“咎由自取”。

例 ① 法律尊严不容挑战，教育公平不容践踏，相关责任人被处理，实属咎（jiù）由自取，但是他们的被问责，能使其他人受到触动并引以为戒吗？（2010 年 6 月 9 日中央电视台《新闻 20 分》）

② 小渊优子对媒体表示，由于其政治团体组织支持者观看戏剧表演，并承担支持者观剧产生的部分费用，涉嫌违反了《公职选举法》，她已初步决定将引咎（jiù）辞职。（2014 年 10 月 19 日中央人民广播电台《新闻晚高峰》）

角 （发生）口角 jué（√）

（发生）口角	出错率	91.5%
jiǎo（×）	频次	1 646

释 读作 jiǎo 时，其常用义项有：❶ 牛、羊、鹿头上长出的坚硬的东西，一般细长而弯曲，上端较尖。❷ 古时军中吹的乐器。❸ 形状像角的东西。❹ 物体两个边沿相接的地方；角落。

读作 jué时，其常用义项有：❶ 角色。❷ 行当。❸ 演员。❹ 竞赛；斗争。

辨 “角”是个多音字，有 jiǎo 和 jué两个读音，读 jué的典型易错词语是“（发生）口角、角斗士”。常见错误类型为把 jué错读为 jiǎo。

例 ① 双方要坚持从战略和全局角（jiǎo）度出发，妥善处理分歧，维护一个良好的双边氛围和长期和平、稳定、和谐的地区环境。（2011年9月1日中央电视台《新闻联播》）

② 违章超车，只要依法处理其实不难解决。可是当事双方由口角（jué）争执变成拳脚相加，打得头破血流，随后事情又演变为村民参与的打砸。（2014年9月26日中央电视台《焦点访谈》）

菌 菌子 jùn (√)

菌子 jǔn (×) 出错率 80.9%

频次 79

释 读作 jūn 时，其常用义项有：某些低等生物，以寄生或腐生方式摄取营养，如细菌、黏菌、真菌等。

读作 jùn 时，其常用义项有：蕈。

辨 “菌”是个多音字，有 jūn 和 jùn 两个读音，受方言影响，常常误读为 jǔn，易错词语是“菌子（jùn· zi）”。

例 ① 由于矿井下的温度和湿度都很高，矿工们突然进入一个干燥的环境后，眼睛会非常干涩，并容易受真菌（jūn）侵蚀。（2010 年 10 月 13 日中央电视台《中国新闻》）

② 按照天然林禁止砍伐的规定，这些年来他们只能在林地间种植一些经济林木和采摘一些野生菌（jùn）子，一棵树木都被禁止砍伐。（2013 年 3 月 25 日中央电视台《焦点访谈》）

溘 kè (√)

hé (×) 出错率 76.3%

频次 55

释 〈书〉副词。忽然；突然。

辨 受声旁“盍”的影响，常见错误读音为hé，易错词语是“溘然”。

例 2月26日，我国核科学事业的主要开拓者之一、“两弹一星”元勋朱光亚院士在北京溘（kè）然长逝。（2011年3月2日中央人民广播电台《新闻纵横》）

殓 liàn（√）

liǎn（×） 出错率 64.9%
频次 19

释 把死者装进棺材。

辨 与“敛”字相似，常见错误读音为 liǎn，易错词语是“装殓”。

例 ① 1967 年，奶奶因病离世，此后，苗务才跑遍了全村才借来了两块木板将老人装殓（liàn），而奶奶在弥留之际的嘱托让苗务才终身难忘。（2013 年 7 月 3 日凤凰卫视《冷暖人生》）

② 当 90 后和入殓（liàn）师这两个似乎相差特别远的词汇连在一起的时候，人们自然就会产生更多的好奇，那我们今天就来一起听一听，这位 90 后入殓师的心路历程。（2012 年 10 月 18 日凤凰卫视《与梦想同行》）

量　量身定做 liàng（√）

量身定做	出错率	90.4%
liáng（×）	频次	804

释　读作 liáng时，其常用义项有：❶ 用尺、容器或其他作为标准的东西来确定事物的长短、大小、多少或其他性质。❷ 估量。

读作 liàng时，其常用义项有：❶ 古代指测量东西多少的器物，如斗、升等。❷ 能容纳或禁售的限度。❸ 数量；数目。❹ 估计；衡量。

辨　“量”有 liáng和 liàng两个读音，读 liáng的典型易错词语是“考量”，读 liàng的典型易错词语是“量身定做、量体裁衣”。

例　① 这一次两国通油，中方选择首站是漠河，除了有地理因素之外，更是从双方的经济角度来进行了考量（liáng）。（2010 年 11 月 2 日中央人民广播电台《新闻纵横》）

② 定制公交就是为相对处于相同区域、具有相同出行时间和出行需求的人群量（liàng）身定做的公共交通服务。（2013 年 9 月 6 日中央人民广播电台《新闻晚高峰》）

镂 lòu（√）

lóu（×）　　出错率　73.4%

　　　　　　频次　650

释 雕刻。

辨 受声旁“娄”的影响，读作 lóu 的概率较高，易错词语是“镂空”。

例 ① 它（老佛爷百货商店）紧邻巴黎歌剧院，曾经凭借豪华如宫殿一样的装修轰动一时。很多人都说，在拜占庭式的巨型镂（lòu）金雕花圆顶下，前来购物的人常被比喻成来赴一场中世纪的聚会一样。（2010 年 11 月 28 日中央人民广播电台《新闻纵横》）

② 这套三防井盖，分为井盖、镂（lòu）空内盖和井座三个部分，可以分别起到防坠落、防掀翻、防沉降的作用。（2013 年 6 月 29 日中央人民广播电台《央广新闻》）

赂 lù (√)

luò (×) 出错率 30.0%

频次 6 796

释 〈书〉❶ 赠送财物；贿赂。❷ 财物，特指赠送的财物。

辨 与“洛”字相似，常见错误读音为luò，易错词语是“贿赂”。

例 审议中大家强调，要认真贯彻落实党中央关于反腐倡廉建设的重大部署，努力从源头上预防和减少贪污贿**赂**（lù）犯罪发生。（2013年10月25日中央电视台《新闻联播》）

露 暴露 lù（√）

暴露 lòu（×） 出错率 39.9%

频次 11 195

释 读作 lù时，其常用义项有：❶ 凝结在地面或靠近地面的物体表面上的水珠。通称露水。❷ 用花、叶、果子等蒸馏，或在蒸馏液中加入果汁等制成的饮料。❸ 在房屋、帐篷等的外面，没有遮盖。❹ 显露；表现。

读作 lòu 时，其常用义项有：动词。义同“露”(lù) 义项 ❸❹。

辨 “露”有 lù和 lòu 两个读音，读 lù的典型易错词语是“暴露”，读 lòu 的典型易错词语是“泄露”。

例 ①“三公账单”应该是“今天要求公布，明天就能拿出来”，他们之所以“躲闪”，最大的可能就是畏惧将“难言之隐”暴露（lù）在阳光之下。（2011 年 7 月 19 日中央人民广播电台《天下财经》）

② 为了防止更大的泄露（lòu）和海上污染面扩大，中石化加紧施工，控制原油泄露点。（2013 年 11 月 25 日中央电视台《焦点访谈》）

掠 lüè（√）

lüě（×） 出错率 47.8%
频次 1 222

释 ❶ 掠夺（多指财物）。❷ 动词。轻轻擦过或拂过。❸ 用棍子或鞭子打。

辨 受方言影响，常见错误读音为 lüě，易错词语是“掠夺”。

例 ① 近日，一名波兰摄影师在自家附近拍摄到一组激烈的秃鹰掠（lüè）食大战。（2010 年 2 月 6 日中央电视台《中国新闻》）

② 知情是公民的权利，应该得到尊重、得到满足。侵犯这项基本权利有两种方式，蒙蔽视听是一种，谣言惑众是另一种，它甚至比隐瞒本身更隐蔽、更粗暴，更值得警惕。因为谣言不是误解，而是心知肚明的欺诈、明目张胆的掠（lüè）夺。（2013 年 5 月 23 日中央电视台《焦点访谈》）

靡　风靡 mǐ（√）

风靡 mí（×）　　出错率　69.1%

　　　　　　　　频次　2 085

释　读作 mí 时，其常用义项有：浪费。

读作 mǐ 时，其常用义项有：❶ 顺风倒下。❷ 美好。❸ 无；没有。

辨　“靡”有 mí和 mǐ 两个读音，读 mí 的典型易错词语是“奢靡”，读 mǐ 的典型易错词语是“风靡、披靡”。

例　① 坚持勤俭节约，反对铺张浪费，整治奢靡（mí）之风。（2010 年 9 月 25 日中央电视台《新闻联播》）

② 在中国的八大菜系中，川菜以其火一般的热情，风靡（mǐ）各地。（2011 年 2 月 24 日中央人民广播电台《新闻纵横》）

模　模糊 mó（√）

模糊 mō（×）	出错率	88.3%
mǒ（×）	频次	7 483

释　读作 mó时，其常用义项有：❶ 法式；规范；标准。❷ 效仿。❸ 指模范。❹ 指模特儿。

读作 mú时，其常用义项有：❶（～儿）模子。❷ 形状；样子。

辨　“模”有 mó和 mú两个读音，读 mó的典型易错词语是“模糊（mó·hu）”，读作 mú的典型易错词语是“模具、模样”。

例　① 涨幅前列就更难讲了，到底是前多少名比较模（mó）糊。这就反映出住建部在这个时候也不愿意卡得过细过死。（2011 年 8 月 17 日中央人民广播电台《央广财经观察》）

② 看着技术渐渐成熟，来自意大利的船员们反过来当起了老师，教边防战士一款意大利新年常吃的小吃，模（mú）样和中国的饺子倒也十分相似。（2013 年 2 月 10 日中央人民广播电台《央广新闻》）

蓦 mò（√）

mù（×） 出错率 44.7%

频次 215

释 突然。

辨 与“募”字相似，常见错误读音为mù，易错词语是“蓦然回首”。

例 ① 有的时候是众里寻他千百度，蓦（mò）然回首他还在原处，重要的是你自己的心态。（2010年2月22日北京人民广播电台《一路畅通》）

② 我知道这是可怕的路，曾立誓不再逗留，蓦（mò）地见到那路中一枝冷黄色的无名花，顿时引起我的好奇心，两足不由我自主很快地走向前去，采撷那黄色的无名花了。（2011年12月12日凤凰卫视《我的中国心》）

捺 nà（√）

nài（×） 出错率 58.5%

频次 690

释 ❶按；摁。❷忍耐；抑制。❸汉字的笔画，向右斜下，近末端微有波折，形状是“㇏”。

辨 受声旁“奈”的影响，常见错误读音为nài，易错词语是“按捺不住”。

例 ①从高清大图上可以看到楷书的结构是“铁笔阴钩、横竖撇捺（nà）、破折竖疾、横划较长”，这就是楷书的特点。（2011年1月13日山西广播电视台《新闻午报》）

②看海狮兄妹出尽了风头，海豹巴顿按捺（nà）不住了，迫不及待地也要秀秀它新学的绝活。（2011年10月27日中央电视台《中国新闻》）

讷 nè（√）

nà（×） 出错率 33.8%

频次 188

释 〈书〉（说话）迟钝。

辨 与“纳”相似，常见错误读音为nà，易错词语是“木讷”。

例 ① 一直神情木**讷**（nè）的他，在见到老人胸前的纪念章时泪水涌出，虽然没能再亲口喊一声哥哥，但他或许明白，被媒体簇拥的哥哥，已经拥有了一个抗日军人应得的一份尊重和认可。（2011年5月21日中央电视台《新闻周刊》）

② 孙犁说，我虽在幼年就梦想当一名记者，此次出师失败，证明我不适宜当记者，一是口**讷**（nè），二是孤僻，所以后来就退而当编辑了。（2013年8月5日凤凰卫视《我的中国心》）

拈 niān（√）

zhān（×） 出错率 37.7%
频次 36

释 用两三个手指头夹取（东西）；捏。

辨 受声旁“占”的影响，常见错误读音为zhān，易错词语是“拈花惹草”。

例 ① 看似信手**拈**来（niān）的段子就源于生活的积累。（2010年2月21日上海广播电视台《新娱乐在线》）

② 通常我们会以为蜜蜂很花心，到处**拈**（niān）花惹草，认为蜜蜂随意地从这一种花里采点蜜，可能很快会换换口味，再窜到另一种花中，这可是一个大误区，人家不但不乱，而且还相当专一。（2014年3月19日中央电视台《科技苑》）

泞 nìng（√）

níng（×） 出错率 30.2%
频次 1 495

释 烂泥。

辨 受声旁“宁”的影响，错读作níng的概率较高，易错词语是“泥泞”。

例 无论是在地震发生后的废墟上，还是被污染河流影响的村镇边，无论是在人民大会堂，还是在泥泞（nìng）的乡村小道，有新闻的地方，就一定会有新闻工作者忙碌的身影。（2010年11月8日中央人民广播电台《新闻纵横》）

呕　ǒu（√）

ōu（×）　　出错率　41.5%
　　　　　频次　277

释 吐。

辨 受方言影响，常见错误读音为ōu，易错词语是“呕心沥血”。

例 ①报告团先后在杭州、哈尔滨、太原等地，从不同侧面讲述了林俊德52年扎根戈壁大漠，为我国爆炸力学和核试验工程研究呕（ǒu）心沥血，直至生命最后一刻的感人事迹。（2012年10月26日中央电视台《新闻联播》）

②记者在说明书上看到，该药主要用于消化不良、腹胀、嗳气、恶心、呕（ǒu）吐。（2014年3月15日中央人民广播电台《央广新闻》）

胖　心宽体胖 pán（√）

心宽体胖	出错率	51.1%
pàng（×）	频次	27

释　心胸开阔舒畅，体貌泰然安详。也说心广体胖。

辨　“胖”是多音字，读作 pán 时表示安泰舒适的样子；读 pàng 时形容人脂肪多，肉多。

例　① 确实，如果你是疏于锻炼的“宅男”，或者你心宽体胖（pán），那这些标准当然是有点高了。（2014 年 8 月 31 日中央人民广播电台《新闻纵横》）

② 最新的健康调查显示，三分之二的澳洲成年人以及四分之一的儿童肥胖（pàng）或超重。（2012 年 11 月 13 日中央人民广播电台《全球华语广播网》）

庖 páo（√）

bāo（×）　出错率 30.0%
　　　　　频次 120

释 ❶厨房。❷厨师。

辨 受声旁“包”的影响，常见错误读音为bāo，易错词语是“越俎代庖（yuèzǔ-dàipáo）”。

例 ① 首批产品问世，吴蕴初将这个产品命名为“味精”，为了宣传其珍奇美味来自天上庖（páo）厨。再冠以“天厨”二字，他们打出了“天厨味精，完全国货”的大旗。“味美价廉国货”大得人心，销路一下子就打开了。（2011年6月27日凤凰卫视《腾飞中国》）

② “政府今后要少干些越俎代庖（páo）的事。”全国人大代表、安徽省发展改革委员会主任说。（2013年3月11日北京电视台《晚间新闻报道》）

癖 pǐ（√）

pì（×） 出错率 69.1%
频次 136

释 癖好；嗜好。

辨 受声旁“辟”的影响，错读为去声的概率较高，易错词语是“癖好”。

例 ①城市管理者经常有一种洁癖（pǐ），叫作除恶务尽，也就是说城市搞得越干净越好，小广告越少越好，其实社会在有序管理的同时一定还存在着无序和灰色地带，如果不承认这一点，对正常秩序的保持就会欲速则不达。（2012年9月6日中央人民广播电台《央广新闻》）

②他们记录这些信息主要是为了能够掌握这些用户的癖（pǐ）好，更清晰地界定和定位这些用户，这样以便于为他们提供更好的服务，或者是能够明确这些人的需求。（2011年4月27日中央人民广播电台《新闻纵横》）

片 短片piàn（√）

短片piān（×） 出错率 78.1%

频次 13 964

释 读作piān时，义同“片”（piàn）义项❶❷。

读作piàn时，其常用义项有：❶平而薄的东西，一般不很大。❷指影视片。❸指较大地区内划分的较小地区。❹用刀横隔成薄片（多指肉）。❺不全的；零星的；简短的。

辨 “片”有piān和piàn两个读音，读作piàn的典型易错词语是“短片”，主要错误为把piàn错读为piān。

例 ①伤员送来的第一件事情是分批地给他们分流去做CT检查和各种拍片（piān）子的检查，然后按照他们伤情严重情况，决定如何收治。（2011年9月27日中央人民广播电台《新闻晚高峰》）

②现场播放的暗访短片（piàn），问题直指各个部门相互推诿、老百姓投诉无门。（2012年6月27日中央人民广播电台《央广新闻》）

剽 piāo（√）

piáo（×） 出错率 44.7%
频次 656

释 ❶抢劫；掠夺。❷动作敏捷。

辨 常见错误读音为piáo，易错词语是“剽窃”。

例 ①高校教师抄袭、剽（piāo）窃、侵占他人成果，或者有以教谋私等行为的，将实行师德“一票否决”，严重违规者将被解聘、开除。（2010年5月18日中央人民广播电台《新闻和报纸摘要》）

②在印度北部一个有着5万村民的村庄中，男子个个锻炼得强壮剽（piāo）悍，其中90%的男子都被聘保镖。（2014年7月13日中央人民广播电台《全球华语广播网》）

骠 piào（√）

biāo（×） 出错率 79.8%

频次 417

释 ❶骁勇。❷马快跑的样子。

辨 在“骠勇”一词中，“骠”最易错读为biāo。

例 中土两国艺术家联袂表演，舞姿翩跹，骕骦骠（piào）勇；乐声激荡，汗血嘶鸣。欢歌劲舞，颂扬驰而不息的龙马精神，再续中土友谊华彩篇章。（2014年5月13日中央人民广播电台《央广新闻》）

嫔 pín（√）

bīn（×） 出错率 39.5%
频次 170

释 皇帝的妾；皇宫中的女官。

辨 受声旁“宾”的影响，常见错误读音为bīn，易错词语是“嫔妃”。

例 虽然北京故宫藏宝无数，但是对于很多观光客来说，古代皇帝嫔（pín）妃们的日常生活，似乎比那些名称复杂的瓷器字画更具吸引力。（2010年9月6日凤凰卫视《问答神州》）

仆　风尘仆仆 pú（√）

风尘仆仆 pǔ（×）　出错率　53.0%

频次　384

释 读作 pū时，其常用义项有：向前跌倒。

读作pú时，其常用义项有：❶仆人（跟“主”相对）。❷古时男子谦称自己。

辨 “仆”在“风尘仆仆、仆人”等词语中易错读为 pǔ。

例 ① 100 年后，我成为华盛顿州的州长，搬进了州长的住所，而这里距离我祖父做仆（pú）人洗碗的地方只有一英里。（2011 年 8 月 14 日中央人民广播电台《新闻纵横》）

② 代表们大多身着黑色西装或者正装，有的提着行李，有的是自己来的，虽然说都是风尘仆仆（pú），但是他们的精神状态看起来都非常饱满。（2013 年 3 月 2 日中央人民广播电台《央广新闻》）

祈 qí(√)

qǐ(×) 出错率 34.8%
频次 3 538

释 ❶祈祷。❷请求；希望。

辨 该字错读为上声概率较高，易错词语是"祈福"。

例 ①迎新年撞钟祈（qí）福所以心情特别地激动，我最想说的是希望我们中华民族强大，要维护我们中国人的形象，为我们国家的强大贡献力量。（2010年1月1日中央人民广播电台《新闻和报纸摘要》）

②根据葬礼仪式流程的安排，在圣保罗大教堂主教主持祈（qí）祷后，撒切尔夫人的孙女阿曼达致悼词，其后英国首相卡梅伦致悼词。（2013年4月17日中央人民广播电台《新闻晚高峰》）

潜 qián (√)

qiǎn (×) 出错率 41.4%

频次 15 198

释 ❶ 动词。隐在水下。❷ 隐藏；不露在表面。❸ 秘密地。❹ 指潜力。

辨 受方言影响，错读为qiǎn的概率较大，易错词语有“潜力、潜伏、潜逃、潜移默化”。

例 ① 这些（可分解致癌芳香胺的）染料在接触皮肤过程中可以引起病变甚至诱发癌症，并且潜（qián）伏期可以长达 20 年。（2012 年 5 月 27 日中央电视台《每周质量报告》）

② 进一步加大抗旱救灾的支持力度，进一步加强抗旱水源调度和用水管理，充分挖掘大型水利水电枢纽在水源配置方面的潜（qián）力，细化供水方案，保障城乡居民饮水安全。（2010 年 3 月 25 日中央人民广播电台《天下财经》）

强　强人所难 qiǎng（√）

强人所难qiáng(×)　出错率　59.6%

频次　97

释　读作qiáng时，其常用义项有：❶ 力量大；势力大（跟“弱”相对，下❻同）。❷ 感情或意志所要求达到的程度高；坚强。❸ 使用强力；强迫。❹ 使用力大或强壮。❺ 优越；好（多用于比较）。❻ 用在分数或小数后面。表示略多于此数。

读作 qiǎng时，其常用义项有：勉强。

读作 jiàng时，其常用义项有：强硬不屈；固执。

辨　“强”有jiàng、qiáng和qiǎng三个读音，读qiǎng的典型易错词语有“强人所难、强迫、勉强”。

例　① 解救希腊债务危机，现在就要立竿见影，对于已经尽力的希腊现政府而言，未免有些**强**（qiǎng）人所难。（2012 年 4 月 10 日中央人民广播电台《央广新闻》）

② 新《旅游法》规定，旅行社不得以低

于成本的价格招揽组织接待旅游者，不得指定具体购物场所，不得**强**（qiǎng）迫或变相强迫购物，不得安排任何形式的另行付费旅游项目。（2013 年 9 月 2 日中央人民广播电台《全国新闻联播》）

③ 这一次，为了进乡拍摄隧道贯通，记者在施工队的专门带领下，依靠推土机一点点掘进，车辆才能勉**强**（qiǎng）前进。（2014 年 4 月 12 日中央电视台《新闻联播》）

锲 qiè（√）

qì（×） 出错率 57.8%
频次 634

释 〈书〉雕刻。

辨 受声旁“契”的影响，常见错误读音为 qì，易错词语是“锲而不舍”。

例 要苦干实干抓落实，以锲（qiè）而不舍，改革创新的精神解决新问题，开创新局面。（2012年6月1日中央人民广播电台《新闻和报纸摘要》）

倾 qīng（√）

qǐng（×） 出错率 39.8%
频次 9 586

释 ❶ 歪；斜。❷ 倾向。❸ 倒塌。❹ 使器物反转或歪斜，尽数倒出里面的东西。❺ 用尽（力量）。❻ 压倒。

辨 受声旁“顷”的影响，错读为上声的概率较高，易错词语是“倾向”。

例 ① 随着经济前景明朗化，由于对经济前景预期不稳定，通过黄金来保值的这种倾（qīng）向就会削弱。（2010年10月25日中央人民广播电台《新闻纵横》）

② 如果国家到时候在自有的4GTD、LTE标准上有所倾（qīng）斜的话，中国移动当然会大幅受益。（2013年10月23日中央人民广播电台《央广财经评论》）

顷 qǐng（√）

qīng（×） 出错率 77.7%
频次 732

释 ❶ 地积单位，100 亩等于 1 顷，1 市顷约合 66 667 平方米。❷ 顷刻。❸ 不久以前；刚才。❹ 左右（指时间）。

辨 与“倾”字相似，常见错误读音为 qīng，易错词语是“顷刻”。

例 ① 完成最后搬迁后，长安街西延长线建设将在明年正式启动，同时一个总面积 70 公顷（qǐng）的首钢工业遗址公园也将开始建设，未来在这个区域将打造两大湖面和三个主题公园。（2010 年 12 月 29 日中央电视台《中国新闻》）

② 汶川特大地震让一个个乡村瞬间化为废墟、一片片良田顷（qǐng）刻化为乌有。（2013 年 5 月 13 日中央人民广播电台《新闻和报纸摘要》）

绕 ràо（√）

rǎo（×）	出错率	30.8%
	频次	49 917

释 ❶ 缠绕。❷ 围着转动。❸ 不从正面通过，从侧面或后面迂回过去。

辨 受方言影响，错读为上声的概率较高，易错词语是“围绕、环绕”。

例 ①“以用为本”概括地说就是把发挥各类人才作用作为人才工作的根本任务，围绕（ràо）要用好用活人才来培养人才、引进人才，积极为各类人才干事创业和实现价值提供机会和条件。（2010 年 6 月 7 日中央电视台《焦点访谈》）

② 北京房价逐年提高，这催生了环绕（ràо）北京的河北燕郊、固安等地，楼市房价也跟着迅猛上涨。（2010 年 6 月 7 日中央人民广播电台《天下财经》）

折 折本 shé（√）

折本 zhé（×） 出错率 34.0%
频次 73

释 读作zhé时，其常用义项有：❶ 断。弄断。❷ 损失；亏损；损耗。❸ 弯；弯曲。❹ 回转；转变方向。❺ 折合；抵换。❻ 折服。

读作zhē时，其常用义项有：❶〈口〉翻转。❷ 倒过来倒过去。

读作shé时，其常用义项有：❶ 断。❷ 亏损。❸ 受挫；失败。

辨 “折”为多音字，易读错词语为“折本”。

例 ① 要避免银行因理财纠纷引发的负面影响，让更多的投资者不至于折（shé）本吃亏后才后悔，银行首先必须要做到的就是“透明”。（2012年12月12日中央人民广播电台《新闻和报纸摘要》）

② 当穷人有了钱，富人折（shé）了本，原有的社会结构自然就会发生改变。（2011年7月3日中央电视台《中国新闻》）

说 说服 shuō（√）

说服 shuì（×） 出错率 75.5%
频次 7 020

释 读作 shuō时，其常用义项有：❶ 用话来表达意思。❷ 解释。❸ 言论；主张。❹ 责备；批评。❺ 指说话；介绍。

读作 shuì时，其常用义项有：用话劝说使人听从自己的意见。

读作 yuè时，其常用义项有：〈书〉同“悦”。

辨 “说”有 shuō、shuì和 yuè三个读音，读 shuō时典型易错词语是“说服”，读 shuì时典型易错词语是“游说”，尤其是“说服”一词，主要错误为把 shuō错读为 shuì。

例 ① 显然有抵押担保、现金流、资源、游说（shuì）能力强的央企更易拿到准备金。（2011年7月25日中央人民广播电台《天下财经》）

② 虽然卡梅伦没能说（shuō）服议会通过对叙动武提案，而议会的否决也不具约束力，但首相卡梅伦表示将“据此行事”。（2013年8月30日中央人民广播电台《全国新闻联播》）

髓 suǐ（√）

suí（×） 出错率 64.9%
频次 4 751

释 ❶ 骨髓。❷ 像骨髓的东西。❸ 植物茎的中心部分，由薄壁细胞组成。

辨 受方言影响，错读为阳平的概率较高，易错词语是“骨髓”。

例 ① 以爱国主义为核心的伟大民族精神，与以改革创新为核心的时代精神，共同构成社会主义核心价值体系的精髓（suǐ），成为中华民族伟大复兴的精神动力。（2010 年 6 月 28 日中央电视台《新闻联播》）

② 昨天（27 日）是最年轻的国际象棋“世界棋后”侯逸凡年满 18 周岁的生日。这一天，她用无偿献血、捐献血样到中华骨髓（suǐ）库的方式度过了人生中这一特殊的时刻。（2012 年 2 月 29 日北京电视台《晚间新闻报道》）

遂　毛遂自荐 suì（√）

毛遂自荐 suí（×）　出错率　76.1%

频次　166

释　读作 suí 时，主要用于“半身不遂”，偏瘫。

读作 suì 时，其常用义项有：❶ 顺；合乎（心意）。❷ 成功。

辨　“遂”有 suí 和 suì 两个读音，读 suí 的典型易错词语是“半身不遂”，读 suì 的典型易错词语是“毛遂自荐”。

例　① 医生原本担心她术后半身不遂（suí），没想到卡梅伦康复得相当顺利。爸爸称女儿的康复是个“奇迹”。（2010 年 3 月 29 日中央电视台《中国新闻》）

② 12 年前，他毅然放弃有前途的“铁饭碗”，毛遂（suì）自荐创办红网。（2012 年 11 月 10 日中央人民广播电台《新闻晚高峰》）

剔 tī (√)

tì (×)　　出错率 85.1%
　　　　　频次 1 490

释 ❶ 从骨头上把肉刮下来。❷ 从缝隙里往外挑。❸ 剔除。❹ 汉字的笔画，即挑（tiǎo）。

辨 受方言影响，错读为去声的概率较高，易错词语是“挑剔、晶莹剔透”。

例 ① 如果想要制度很好地体现它的公平性，那加分制度本身就应该先把它剔（tī）除了。（2010 年 9 月 4 日北京人民广播电台《都市零距离》）

② 田间园中，碧绿的枝蔓下，悬挂着一串串晶莹剔（tī）透的葡萄。（2013 年 10 月 5 日中央人民广播电台《新闻和报纸摘要》）

恬 tián (√)

tiǎn (×) 出错率 50.0%
频次 36

释 ❶ 恬静。❷ 满不在乎；坦然。

辨 受方言影响，错读为上声的概率比较高，易错词语是“恬不知耻”。

例 ① 94 岁的袁老早已闭门谢客，恬（tián）淡地享受晚年生活，但是，每一个深圳人、每一个受益于深圳改革开放的人，都不会忘记这位老人。（2011 年 8 月 8 日中央人民广播电台《央广新闻》）

② 菲律宾专栏作家顾班科近日撰文指出，我们需要确定自己要扮演的角色，不要恬（tián）不知耻企图扮演美国奴才，尤其是牵扯这次南海风波的演出并非是良策，也未必是一个最好的解决途径。（2012 年 4 月 30 日中央人民广播电台《新闻晚高峰》）

毋 wú（√）

wù（×）　　出错率　90.4%

　　　　　频次　1 302

释 表示禁止或者劝阻，相当于“不要”。

辨 受方言影响，错读为去声的概率比较高。典型易错词语是“毋庸”。

例 ① 宁缺毋（wú）滥，对涉假球队绝不姑息的态度，将会真正推动中国足球的发展，还中国足坛一片净土。（2010 年 2 月 23 日北京电视台《新闻晚高峰》）

② 西沙的美是毋（wú）庸置疑的，因为毕竟它深处太平洋，南中国海的腹地，又远离大陆的污染。（2013 年 5 月 1 日中央人民广播电台《新闻纵横》）

侮 wǔ (√)

wū (×) 出错率 74.5%

频次 2 887

释 欺负；轻慢。

辨 常与“污辱（wūrǔ）”混淆，故“侮辱”中“侮”字受其影响常误读为 wū。

例 ① 与会者指出，挥霍新闻自由，滥用新闻自由，才是对新闻自由的最大**侮**（wǔ）辱。而对新闻自由的最大尊重，则应是突出和强调社会责任意识。（2011 年 8 月 2 日中央人民广播电台《新闻和报纸摘要》）

② 普京表示，西方正在打造新的“柏林墙”，持续不断的制裁让俄罗斯这只“安静的小熊”备受欺**侮**（wǔ）。（2014 年 12 月 19 日中央人民广播电台《新闻纵横》）

系 解铃还须系铃人 xì（√）

解铃还须系铃人 jì（×）	出错率	48.9%
	频次	290

释 读作 xì 时，其常用义项有：❶ 系统。❷ 联结；联系。❸ 牵挂。❹ 把人或东西捆住后往上提或向下送。❺ 拴；绑。❻ 拘禁。

读作 jì 时，其常用义项有：打结；扣。

辨 “系”读作 jì 时，表示打上结的动作与过程；读作 xì 时，表示用绳子绑起来，例如“解铃还须系铃人”。

例 ① 中美两国军事关系六起六落都是由于美国触犯了中国的国家利益造成的，解铃还须系（xì）铃人，盖茨访华就要起到解铃的作用。（2011 年 10 月 9 日中央电视台《中国新闻》）

② 这是两国政府换届以来，两国元首的首次会面，也被外界称为是“一场不系（jì）领带的会晤”。（2013 年 6 月 7 日中央人民广播电台《新闻纵横》）

隙 xì (√)

xī (×) 出错率 34.9%
频次 3 088

释 ❶裂开或自然露出的狭长的空处。❷（地区、空间）空闲。❸漏洞；机会。❹（感情上的）裂痕。

辨 受方言影响，错读为 xī 的概率较高，常见易错词语为“缝隙”。

例 ① 幸存者被掩埋在坍塌后不到 30 厘米高的楼板缝隙（xì）中，加上楼梯坍塌，救援十分艰难。（2010 年 1 月 16 日中央电视台《新闻联播》）

② 冰岛位于亚欧板块和北美板块的边界上，岩浆从这个岩隙（xì）不断上涌，当地还有一股向上的地幔热流，也会带来地底深处的岩浆。（2010 年 4 月 20 日中央电视台《中国新闻》）

渲 xuàn（√）

xuān（×）　　出错率　37.7%

　　　　　　频次　2 305

释 国画的一种画法，用水墨或淡的色彩涂抹画面，以加强艺术效果。

辨 受声旁“宣”的影响，错读为阴平的概率较高，易错词语是“渲染”。

例 设计师用黑色和深灰色搭配，渲（xuàn）染了沉静的着衣色调，并用更为简洁流畅的线条凸显了刚柔并济的美。（2010 年 11 月 1 日中央电视台《中国新闻》）

穴 xué（√）

xuè（×） 出错率 43.8%
频次 1 600

释 ❶ 穴。中医指人体上可以进行针灸的部位，多为神经末梢密集或较粗的神经纤维经过的地方。也叫穴位、穴道。❷ 墓穴的位置。❸ 岩洞，泛指地上或某些建筑物上的坑或孔。❹ 动物的窝。

辨 受方言影响，错读为xuè的概率较高，常见易错词语为“穴位、走穴”。

例 ① 专家建议，熬夜看球，如果第二天上班出现头晕、发沉的现象，可以用手对穴（xué）位进行点按。（2010年7月1日中央电视台《消费主张》）

② 上个世纪九十年代初，全国上下对文化的渴求催生了演出热，行内话叫“走穴（xué）”。（2014年1月9日中央电视台《致富经》）

血 贫血 xuè（√）

贫血 xiě（×）	出错率	86.5%
xuě（×）	频次	2 035

释 读作 xuè时，其常用义项有：❶ 人和高等动物体内循环系统中的液体组织，红色，有腥气，由血浆、红细胞、白细胞和血小板组成。也叫血液。❷ 有血统关系的。❸ 指刚强热烈。

口语中常读作 xiě。

辨 “血”有 xuè和 xiě两个读音，二音同义，都指“血液”，主要区别在于使用时语体色彩不同：xuè用于书面语；xiě用于口语。

例 ① 实施营养改善计划后，2013 年学生的身高体重等多项指标都有所提升，小学生贫血（xuè）率下降明显。（2014 年 4 月 13 日中央人民广播电台《全国新闻联播》）

② 许多老医生宁可自己“累到吐血（xiě）”也不愿让实习生多帮忙。（2013 年 11 月 3 日中央人民广播电台《央广新闻》）

徇 xùn（√）

xún（×） 出错率 69.9%
频次 665

释 ❶依从；曲从。❷对众宣示。❸同“殉”。

辨 受声旁“旬”的影响，多错读为阳平，易错词语是“徇私（舞弊）”。

例 ①机关事务管理人员滥用职权、玩忽职守、徇（xùn）私舞弊或者贪污受贿的，依法给予处分。（2011年11月22日中央人民广播电台《新闻纵横》）

②法治是治国理政的基本方式，要更加注重发挥法制在国家治理和社会管理中的重要作用，绝不允许以严代法、以权压法、徇（xùn）情枉法，可以说这对于我们推进法制中国建设具有非常重要的意义。（2014年10月20日中央电视台《新闻1+1》）

应　应届 yīng（√）

应届 yìng（×）　出错率　53.2%

频次　6 724

释　读作 yīng 时，其常用义项有：❶ 答应。❷ 答应（做）。❸ 应该。

读作 yìng 时，其常用义项有：❶ 回答。❷ 满足要求；允许；接受。❸ 顺应；适应。❹ 应付。

辨　“应”有 yīng 和 yìng 两个读音。读 yìng 时出错率比较低；读 yīng 时易错词语为“应届”，常错读为 yìng。

例　① 调查显示，外企招聘市场表现出谨慎乐观的状态，超过 8 成的外企愿意招聘应（yīng）届毕业生，这一比例比去年上升了三成半。（2010 年 3 月 17 日上海广播电视台《东广早新闻》）

② 英特尔说，他们正在计划于明年推出一款新的处理器，可以直接应（yìng）用于电视机中。（2010 年 11 月 17 日中央人民广播电台《新闻纵横》）

佣 佣金 yòng（√）

佣金 yōng（×） 出错率 79.8%
频次 2 153

释 读作 yōng 时，其常用义项有：❶ 雇用。❷ 仆人。

读作 yòng 时，其常用义项有：佣金。

辨 “佣”有两个读音：yōng和 yòng，读yōng时与雇佣有关；读 yòng时只表示佣金，与钱有关，指某种特定形式付给的财物。

例 ① 被称为秋拍第一把“交椅”的宫廷御制明代黄花梨交椅拍出 6150 万元，加上**佣**（yòng）金，总金额近 7 000 万元，创下 20 年来黄花梨椅拍卖新纪录。（2010 年 2 月 14 日中央电视台《中国新闻》）

② 记者们在室内发现，房间内有女**佣**（yōng）住的地方，还有许多摆放零乱的衣物、枕头，以及一台老式电视机。（2011 年 5 月 4 日中央电视台《环球视线》）

莠 yǒu (√)

yòu (×)　　出错率 30.0%
　　　　　频次 860

释 ❶狗尾巴草。❷比喻品质坏的（人）。

辨 受声旁“秀”的影响，常误读为yòu，易错词语为“良莠不齐”。

例 有一段时间，养生保健类图书非常受欢迎，但由于缺乏监管，这类出版物良莠(yǒu)不齐，乱象丛生，让读者难辨真伪。（2010年10月31日北京电视台《特别关注》）

隅 负隅顽抗 yú（√）

负隅顽抗 yǔ（×） 出错率 47.8%

频次 199

释 ❶角落。❷靠边沿的地方。

辨 常错读为 yǔ，典型易错词语为“负隅顽抗”。

例 ① 每到春暖花开的时节，内蒙古就会遭遇沙尘的席卷，除了在这个季节仍然在负隅（yú）顽抗的冷空气影响之外，气候条件也是无法避免的。（2012年4月18日中央人民广播电台《央广新闻》）

② 教师节这一天，在沙漠一隅（yú），偏僻荒凉之地，竟有一位如此专注敬业的老师和她的学生，这是沙漠科考之路上又一次由视觉和心灵共同感受到的冲击。（2014年9月1日中央人民广播电台《全景中国》）

逾　yú（√）

yù（×）　　出错率　30.1%
　　　　　频次　2 732

释　❶ 超过；越过。❷〈书〉更加。

辨　常错读为yù，易错词语为“逾期”。

例　① 自8月13日市慈善协会发出捐款倡议以来，年逾（yú）古稀的老人，一脸稚气的孩童，即将临产的孕妇，不同年龄不同职业的社会各界群众纷纷解囊，为灾区同胞奉献爱心。（2010年9月9日北京电视台《北京新闻》）

② 发展决不能以牺牲人的生命为代价，这必须作为一条不可逾（yú）越的红线。（2013年6月14日中央电视台《新闻联播》）

与　与会 yù（√）

与会 yǔ（×）　　出错率　61.7%

频次　13 674

释　读作 yǔ时，其常用义项有：❶ 给。❷ 赞许；赞助。❸ 交往。❹ 等待。❺ 跟；向。❻ 和。

读作 yù时，其常用义项有：参与。

读作 yú时，其常用义项有：通“欤”。

辨　“与”为多音字，读作 yǔ时表示的义项较多；读作 yù时，一般表示“参与”义项，错误率比较高，典型易错词有“与会、参与”。

例　① 庭审过程中，整个法庭的组织非常规范，能够充分保障诉讼各方参与（yù）人的权益。（2013 年 9 月 23 日中央电视台《新闻 1+1》）

② 必须坚持解放思想、实事求是、与（yǔ）时俱进，牢固树立符合科学发展要求的新的文化发展理念。（2012 年 9 月 26 日中央电视台《新闻联播》）

载　下载zài（√）

下载zǎi（×）　　出错率　64.3%

频次　6 669

释　读作zài时，其常用义项有：❶装载。❷运输工具所装的东西。❸充满(道路)。❹下载。

读作zǎi时，其常用义项有：❶年。❷记载；刊载。

辨　“载”有两个读音：读zài时表示的义项较多，多做交通运输用语，易错词语是“承载、下载、载体、载人”；读zǎi时多做报刊、文章用语，并表示时间，易错词是“登载、记载”。

例　①借助滨海新区的开发开放，天津市把引进高端、高质、高新的大项目作为经济发展的重要载（zài）体和抓手，吸引了一批大项目前来落地生根。（2010年1月5日中央人民广播电台《新闻和报纸摘要》）

②摔跤是一个非常古老的体育项目，它是公认的世界最早的竞技体育运动，希腊、埃及、中国等几个文明古国都有摔跤的文字记载（zǎi）。（2013年2月13日中央人民广播电台《全球华语广播网》）

憎 zēng（√）

zèng（×） 出错率 62.8%
频次 24

释 恨；厌恶。

辨 常错读为 zèng，如“面目可憎”。

例 ① 有科学研究显示，沙尘暴并不是那么面目可憎（zēng），沙尘暴能够中和酸雨，沙尘中含有丰富的钙、镁等碱性元素，这些碱性的沙尘能够将我国北方的酸雨中和成普通的雨水，从而减缓土壤的酸化过程。（2013 年 4 月 18 日中央人民广播电台《央广新闻》）

② 令秀寨村村民更加憎（zēng）恶的是，挖煤的“垃圾填埋场”不仅污染了环境，还破坏了他们的土地、山林。（2011 年 6 月 10 日中央人民广播电台《新闻晚高峰》）

昭 zhāo（√）

zhào（×）　　出错率 30.4%
　　　　　　频次 696

释 ❶明显；显著。❷〈书〉表明；显示。

辨 受声旁“召”的影响，易误读为 zhào。

例 ① 追踪他们的蓝天航迹，每一次试飞成功，都成为民族复兴的时代印记，都**昭**（zhāo）示着伟大民族复兴的希望。（2013 年 8 月 22 日中央人民广播电台《新闻和报纸摘要》）

② 小乔治得以沉冤**昭**（zhāo）雪，最欣慰的自然是他的亲人，他的姐姐在 2009 年的申诉中说她在案发时间与弟弟在一起，所以他不可能是谋杀案的凶手。（2014 年 12 月 19 日中央人民广播电台《新闻晚高峰》）

召　号召 zhào（√）

号召 zhāo（×）　出错率　52.1%

频次　12 407

释　读作 zhào 时，其常用义项有：❶ 召唤。❷ 寺庙（多用于地名）。

读作 shào 时，其常用义项有：周朝国名，在今陕西凤翔一带。

辨　“召”常错读为 zhāo，如“号召”和“召集”。

例　① 新闻发布会是在晚上的 10 点 40 分召开的，召（zhào）集了甘肃省以及兰州市环保、公安、消防、石化等相关部门，对社会各界普遍关注的几个问题进行了解答。（2010 年 1 月 8 日上海广播电台《东广早新闻》）

② 他频频更新自己的微博，号召（zhào）支持他的选民观看 3 日晚上的首场辩论，并且提醒支持者们及时参加选民登记。（2012 年 8 月 13 日中央人民广播电台《全球华语广播网》）

蜇　蜇了一下 zhē（√）

蜇了一下 zhé（×）　出错率　33.7%

频次　2 092

释　读作 zhē时，其常用义项有：❶ 蜂、蝎子等用毒刺刺人或动物。❷ 某些物质刺激皮肤或黏膜使发生微痛。

读作 zhé时，其常用义项有：海蜇。生活在海里的腔肠动物。

辨　“蜇”读作 zhē时，做动词，表示刺痛、叮刺，易错读为 zhé，如“蜇了一下”。

例　① 海蜇（zhé）的毒素是一种酸性的毒素，明矾属于碱性，游客在蜇（zhē）伤之后只要在被蜇（zhē）的患处涂上明矾就可以很快地解毒。（2012年8月20日中央人民广播电台《央广新闻》）

② 中国疾控中心中毒控制所专家特别指出，胡蜂蜇（zhē）人后，对人体脏器官伤害巨大。（2013年10月3日中央人民广播电台《央广夜新闻》）

伫 zhù（√）

chù（×） 出错率 30.0%

频次 464

[释] 〈书〉伫立，长时间地站着。

[辨] “伫立”和“矗立”容易混淆，常见错误读音为“chù”。

[例] ① 在古田会议会址，总书记在古田会议会场和当年毛泽东同志的办公场所久久伫（zhù）立，同大家一道重温古田会议精神，深切缅怀老一辈革命家的丰功伟绩。（2010年2月14日中央电视台《中国新闻》）

② 因地铁建设在阔别南京市中心新街口九年之后，孙中山先生铜像重伫（zhù）故地。（2010年5月24日中央人民广播电台《新闻和报纸摘要》）

转 转圈 zhuàn（√）

转圈 zhuǎn（×） 出错率 32%

频次 596

释 读作 zhuàn 时，其常用义项有：❶ 动词。旋转。❷ 动词。绕着某物移动；打转。

读作 zhuǎi 时，其常用义项有：转文。

读作 zhuǎn 时，其常用义项有：❶ 改换方向、位置、形势、情况等。❷ 把一方的物品、信件、意见等传到另一方。

辨 “转”有三个读音。zhuàn 着重指物体作圆周运动，如“转向（指迷失方向）”；zhuǎn 指身体或物体某部分自由活动，如“转身、转向（指改变方向）”；zhuǎi 只用于“转文”。常出现的易错词是“转圈、运转”。

例 ① 中国的公务船有的时候停船，有的时候在周围海域转（zhuàn）圈。（2013 年 2 月 19 日中央人民广播电台《全球华语广播网》）

② 新政实施后，还可以加速检测场运转（zhuǎn），方便其他车辆年检，也为群众节省了一定的费用。（2010 年 10 月 9 日北京电视台《北京新闻》）

拙 zhuō（√）

zhuó（×） 出错率 61.9%
频次 391

释 ❶ 笨；不聪明；不灵巧。❷ 谦辞，用于称自己的（文章、见解等）。

辨 常被错读为zhuó，如“笨拙、拙劣”。

例 ① 就是这个其貌不扬，看似笨拙（zhuō）的老董，却用小小纸片折出了精彩的人生。（2010年7月3日山西广播电视台《山西新闻》）

② 孩子们用各种废旧玩具等综合材料制作的板上拼贴组合，极具视觉冲击性和装置艺术的现代感。这些赋予中国传统文化意味的水墨在儿童灵动稚拙（zhuō）的表达中，充满浓浓的笔情墨趣和艺术表现张力。（2011年6月12日北京电视台《北京您早》）

着 着落 zhuó（√）

着落 zháo（×） 出错率 86.2%

频次 2 457

释 读作 zhuó时，其常用义项有：❶ 穿（衣）。❷ 接触；挨上。❸ 使接触别的事物；使附着在别的物体上。❹ 着落。❺ 派遣。❻ 公文用语，表示命令的口气。

读作 zháo 时，其常用义项有：❶ 接触；挨上。❷ 感受；受到。❸ 燃烧，也指灯发光（跟“灭”相对）。❹ 用在动词后，表示已经达到了目的或有了结果。❺ 〈口〉入睡。

读作 zhāo 时，其常用义项有：❶ 下棋时下一子或走一步。❷ 同“招”。❸ 放；搁进去。❹ 用于应答，表示同意。

读作 · zhe 时，其常用义项有：❶ 〈助〉表示动作、状态的持续。❷ 〈助〉用在动词或表示程度的形容词后面，加强命令或嘱咐的语气。❸ 加在某些词后面，构成介词。

辨 “着”是多音字，有四个读音，容易混淆。

zhuó和zháo义项相近，都含“接触、挨上”的意思。区别在于表意范围不同：zhuó除用于“接触”义外，主要有“着力，附着，衣着，下落，派遣”等意义；zháo除表示“接触，挨上”一外，还有“受到，达到，燃烧，入睡”等意义。

zhāo表示“下棋落子，计策手段”，并有“搁放，同意”义。·zhe做助词，表示动作或状态的持续，并表示程度和语气。

最易读错词语为“着落、着陆、着实、着想”。

例 ①尽管政策性农险难以弥补所有损失，但是有了这些钱，再生产的种子和化肥就有了着（zhuó）落。（2010年8月10日中央人民广播电台《新闻和报纸摘要》）

②他的一丝不苟，任劳任怨给大家留下了深刻的印象，是一个非常替别人着（zhuó）想的好领导。（2010年3月29日中央人民广播电台《新闻和报纸摘要》）

后　记

经过近三年的努力，这套小册子终于和大家见面了。

之所以编写这套小册子，是因为我们经常接到一些播音员主持人在节目播出之前打来的咨询电话，询问一些字词的读音问题。还有，我们在平常收听收看广播电视节目时，也时常发现一些播音员主持人读错字音的情况。

经过调查研究，我们编写了这三本小册子，分别是《播音员主持人最易读错的100个字》《播音员主持人最易读错的100个词语》和《电视新闻字幕中最易写错的100个词语》。我们发现，播音员主持人如果了解掌握了这些最容易出错词语的规律，在避免语言文字差错方面会得到事半功倍的效果，其中的绝大部分语言文字差错问题也都能得到解决。

这套小册子的出版得到了商务印书馆的大

力支持。在编校过程中，总编辑周洪波、汉语编辑中心主任余桂林、责任编辑丁海燕倾注了大量的心血，在此致以衷心的感谢！

还要特别感谢参与问卷调查的中国传媒大学播音主持进修班的同学们！感谢在网上进行问卷调查的饶玥玥、陈宇颖、马彰羚、颜赛赛、龚琛洁、武千妍、张晓语、黄媛媛、黄婷、董慧、冯晨、王莹、屠玥、涂欢等同学！

中国传媒大学语言学及应用语言学专业研究生谢熠、朱波、巴伟等还先后对问卷结果的统计做了大量的工作，在此一并感谢！

由于水平所限，书中难免存在一些缺陷、谬误和不足，恳请广大读者朋友和专家学者予以批评指正。

编者

2016 年 5 月于北京